ピンとくる仕事や先輩を見つけたら、巻末のワークシートを記入用に何枚かコピーして、
手もとに置きながら読み進めてみましょう。

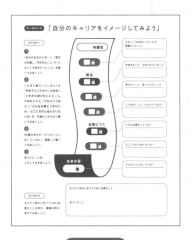 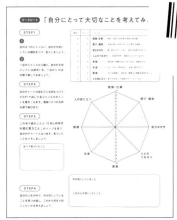 

ワークシート
「自分のキャリアをイメージしてみよう」 「自分にとって大切なことを考えてみよう」

このワークシートは、自分の未来を想像しながら、
自分が今いる場所を確認するための、強力なツールです。

STEP1から順にこのワークに取り組むと、
「自分の得意なこと」や「大切にしていること」が明確になり、
思わぬ気づきがあるでしょう。

そして、気づいたことや思いついたことは、
何でもメモする習慣をつけるようにしてみてください。

迷ったとき、くじけそうなとき、記入したワークシートやメモをふりかえれば、
きっと、本来の自分を取り戻し、新たな気持ちで前へと進んでいけるでしょう。

さあ、わくわくしながら、自分の未来を想像する旅に出かけましょう。

ボンボヤージュ、よい旅を！

ジブン未来図鑑編集部

ジブン未来図鑑

キャラクター紹介

「助けるのが好き！」
「スポーツが好き！」「食べるのが好き！」

メインキャラクター
ケンタ
KENTA

参謀タイプ。世話好き。
怒るとこわい。食べるのが好き。

「ホラーが好き！」
「医療が好き！」「おしゃれが好き！」

メインキャラクター
ユウ
YŪ

「自然が好き！」
「子どもが好き！」「動物が好き！」

メインキャラクター
アンナ
ANNA

ムードメーカー。友達が多い。
楽観的だけど心配性。

「アートが好き！」
「アニメが好き！」「演じるのが好き！」

メインキャラクター
カレン
KAREN

リーダー気質。競争心が強い。
身体を動かすのが好き。

人見知り。ミステリアス。
独特のセンスを持っている。

「旅が好き！」
「宇宙が好き！」「デジタルが好き！」

メインキャラクター
ダイキ
DAIKI

ゲームが得意。アイドルが好き。
集中力がある。

職場体験完全ガイド＋

ジブン未来図鑑

JIBUN MIRAI ZUKAN

13

ホラーが好き！

ホラー小説家　　歴史学者　　オカルト編集者　　お化け屋敷
　　　　　　　　　　　　　　　　　　　　　　　プロデューサー

CONTENTS
ジブン未来図鑑 [職場体験完全ガイド＋]

※梨さんのお顔は公開されていないので、梨さんご本人により加工されています。

ジブン未来図鑑 番外編

HORROR NOVELIST

ホラー小説家

どうやったら
ホラー小説家に
なれるの？

?

怖（こわ）がりでも
なれる？

?

怖（こわ）い話は
どうやって
つくるの？

?

小説を書く
以外にも
仕事がある？

?

ホラー小説家ってどんなお仕事？

ホラー小説家とは、「恐怖」をテーマにした創作物をつくる人です。長編、短編の小説を書いて本を出版するだけでなく、インターネット上で作品を発表する、ホラーをテーマにしたイベントに構成作家としてかかわるなど、活躍の場が広がっています。どのような作品においても、読者や参加者に「恐怖感」を与えることを目的としているのが特徴です。ハッとおどろかせる怖さ、じわじわくる怖さなど、怖さにもさまざまな種類があります。ホラー小説家として有名になるには、内容はもちろん、文体やアイデア、雰囲気なども含めて、自分らしい「怖さ」をもつことが大切です。また、作品を多くの人に見てもらう機会を自らつくっていくこともももとめられます。

給与
（※目安）

5万円
くらい〜

だれでも名乗ることができますが、収入を得るには賞を取ったり、出版社などから依頼を受けたりする必要があります。人気作家になれば高収入も。

※既刊シリーズの取材・調査に基づく

（ ホラー小説家になるために ）

ステップ 1

多くのホラー作品や創作物に触れる

ホラー分野だけでなく、小説や詩、美術、映像作品などあらゆる創作物に触れ感性をみがく。

ステップ 2

オリジナルのホラー作品をつくる

作品をつくり、賞に応募したり、インターネット上で発表したりして評価してもらう。

ステップ 3

本などの形で出版する

作品に目をとめてくれた編集者と相談しながら小説を書き、書籍として出版する。

こんな人が向いている！

怖い話が好き。
アイデアが豊富。
好奇心と想像力がある。
じつは怖がり。
調べものが得意。

もっと知りたい

インターネットの投稿サイトなどで作品を発表し、ファンを増やして知名度が上がることで、編集者の目にとまり出版につながることもあります。また、小説のネタは昔から伝わる伝説や言い伝え、ホラースポットなどを取材してさがします。

ホラー小説家 梨さんの仕事

※梨さんのお顔は公開されていないので、梨さんご本人により加工されています。

怖い「仕掛け」を用意して原稿を執筆します。作品づくりは自宅や外出先など、さまざまな場所で行っています。

小説の「仕掛け」を実際につくり リアルな恐怖体験を演出する

梨さんは、ホラーをテーマにした物語（怪談）をつくり、書籍やインターネット上などで作品を発表しているホラー小説家です。もともとインターネット上で、「梨」という名前で投稿していた怪談が人気を集め、現在もこの名前で活動をしています。梨さんの作品はじわじわとくる恐怖感、読んだあとの気持ち悪さなどがもち味で、多くのファンから支持されています。

梨さんの作品づくりには、大きく2つの特徴があり

ます。1つは物語をつくるとき、文章とは別の「特殊な演出や仕掛け」も用意することです。たとえば、小説のなかに登場する人物のSNSを実際につくったり、ページ上にQRコードをのせて、そこからつながるウェブサイトを制作したり、不気味に加工した写真をのせたりと、小説に出てくる恐怖の仕掛けを実際に制作します。読者は物語を読みつつ、これらの仕掛けも体験することで、その世界に巻き込まれたかのような恐怖感、臨場感を味わうことができるのです。

一般的に物語を書くときには、テーマにもとづいて「起・承・転・結」のあらすじを考えます。しかし、

梨さんはテーマが決まったら、まず先に演出や仕掛けを考えます。読者に最終的にどんな体験をしてもらうかというゴールを決め、仕掛け道具を制作し、そこに文章をのせていくという独自のスタイルなのです。そのため、あらすじと演出がまざった「設計書」をつくり、それにそって1冊の本に仕上げていきます。

　もう1つの特徴は、ある地域で昔からいい伝えられている怖い話や呪いなどを、物語に取り入れることです。そのため、梨さんは実際にいい伝えのある場所をたずねて取材をしたり、図書館や民俗資料館などから資料を集めたりして、じっくりリサーチを重ねます。そこで得られた本当の情報と、梨さんがつくった架空の話が入りまじるようにして物語が構成されます。

　こうした工夫によって「本当」と「本当でないこと」の境目があいまいになるのです。また、それについて梨さんが解説したり、種明かししたりすることはありません。そのため、読者には読んだあと、何ともいえない不気味さ、違和感が残ります。読者のなかには、「この話にはどんな意味があるのか」「どこまでが本当なのか」など、考察して楽しむ人もたくさんいます。

　梨さんが1冊の本にかける期間は約1年。年間で3〜4冊を並行して制作、出版しています。また、ウェブメディアでは、現在「オモコロ」というサイトに、2か月に1回のペースで作品を発表しています。書籍

イベントを企画・運営する会社「SCRAP」のスタッフ、脚本などを手がける河カタ ソウさんと打ち合わせて、書籍のアイデアを伝えます。

と異なり文字数などの制約がないため、より自由な形式で作品づくりに挑戦しています。

イベントやライブでのなぞめいた演出も人気

　梨さんは、ホラーに関するイベントやライブなどの構成作家としても活躍しています。たとえば、2023年にテレビ東京のスタッフからの依頼で、横浜赤レンガ倉庫で行われた、物品などのけがれを落とす「祓除」というイベントの構成を担当しました。イベントには多くの人が足を運び、なぞめいた演出が大きな話題をよびました。ほかにも、なぞ解き制作会社とコラボレーションしたホラー系のなぞ解きイベントの企画や、レコード会社から依頼を受けて、アーティストのライブにホラーの演出を取り入れたりするなど、さまざまなエンターテイメントの分野で活躍しています。

　人を怖がらせる仕事ですが、梨さんには「これだけはやらない」と決めていることがあります。それは、大きな音や映像などで急におどろかさないこと。幽霊やお化け、怖い書体などわかりやすいホラーのビジュアルも使いません。梨さんのもち味である「じわじわくる怖さ」「よくわからない不気味さ」を意識しながら、人を楽しませる工夫をしているのです。

作品のなかに出てくる怖い音声データを編集します。さまざまな編集ソフトを使って、怖さを仕掛ける道具をつくっています。

NASHI'S 1DAY

梨_{なし}さんの 1日

日中に打ち合わせ、夕方から深夜にかけてじっくり制作（せいさく）に取り組む梨（なし）さんの1日を見てみましょう。

なるべく1日6時間の睡眠（すいみん）を確保（かくほ）しています。深夜まで作業をすることが多いので、朝は苦手です。

この日は外で打ち合わせがあるので、資料（りょう）などを準備（じゅんび）し、身支度（みじたく）をしてから出かけます。

10:30
起床（きしょう）・朝食

11:00
身支度（みじたく）・出発

4:00
就寝（しゅうしん）

3:00
制作終了（せいさくしゅうりょう）

深夜のほうが作業がはかどるため、寝る（ねる）時間はだいたい明け方近くになってしまいます。

2:00

| 12:00 | 17:00 |

イベント企画・運営会社と打ち合わせ。書籍の企画について、企画書をもとに説明します。

外での打ち合わせは2〜3件まとめて入れます。昼食をとりながら打ち合わせることもあります。

出版社の編集者とカフェで打ち合わせ。テーマや文字数などの情報をもらい、構成を考えます。

打ち合わせが終わったら、そのままカフェでお茶をしながら企画書や原稿執筆などを進めます。

12:00
打ち合わせ

14:00
昼食

15:00
打ち合わせ

17:00
企画書・原稿執筆

2:00
制作

22:00
作業通話

20:00
帰宅・調べもの

18:30
夕食

作業通話を終えたら、ふたたび原稿を書いたり、資料を読んだりして制作に没頭します。

知人のイラストレーターや漫画家と通話アプリで会話を楽しみながら、仕掛けの小道具をつくります。

作品制作には書籍や論文など多くの資料が必要。国立国会図書館のサイトなどで資料を調べます。

作業を終えてひと休みをしてから、夕食を食べに行きます。食事は外ですませることが多いです。

| 22:00 | 20:00 |

INTERVIEW インタビュー

梨さんをもっと

**ホラー小説家になろうと
思ったきっかけは何ですか？**

わたしが小学生になったころ、ちょうどインターネットではホラーの全盛期でした。さまざまな人が匿名で投稿し合うサイトのオカルト板（掲示板）には、実体験から創作話、都市伝説、オカルトニュースまで、本当かうそかわからないような書き込みがたくさんありました。「こういうものがあるんだ」とおどろき、どんどんその世界に引き込まれていったのです。ネットホラーは有名な小説家によるものではなく、ことば使いも構成もでたらめなアマチュアの世界です。「これなら自分にも書けるかも」という感じで、気軽に制作をはじめたのですが、それがよかったと思います。

**ホラー小説家になるために
どんな努力をしましたか？**

わたしが共同創作していたウェブサイト「SCP財団」を見て、作品に注目してくれた編集者さんから本の出版の話をいただきました。長編小説を書くのははじめてでとても大変でしたが、自分が得意とするネットホラーをテーマにし、さまざまな演出・仕掛けをつくって、デビュー作『かわいそ笑』が完成しました。

わたしの場合、原稿を書くだけでなく、企画書や絵などで見せるイメージボードをつくって会社に提案したり、仕掛けや演出のために動画や画像の編集、ウェ

ブサイトの制作をしたりと、さまざまな仕事があります。そのため、1つ1つ、ツールの使い方を覚え、仕事で使いこなせるように日々学んでいます。

**仕事をするうえで
苦労することは何ですか？**

本を書くために文献を集めていますが、地域の方々に取材をするのに苦労します。特にホラーにまつわるもの、たとえば地域に伝わる呪いの人形などは、博物館などではなく、個人が所蔵していることもあります。それを「見せてください」と取材を申し込んでも、あやしまれてことわられることもしばしばです。一方で、おかしやお酒など手みやげをもっていくと仲よくなって、意外と見せてもらえることもあります。

**この仕事をするうえで大切に
していることは何ですか？**

じつは、わたし自身はホラー作品を見て「怖い」と思うことがまったくないのです。そのため実体験にもとづいた怖い話が書けません。わたしがホラーをつくるうえで大切にしているのは「異化効果」です。たとえば、昼間の公園で子どもがキャッキャと遊んでいるのはありふれた光景ですが、深夜3時の路地裏で子どもたちが遊んでいたら……超怖いですよね。このように同じものでも別の場所にずらされたとたんに違和感が生ま

知りたい

れます。気づくか気づかないかくらいの違和感を覚えるようなズレを見つけて、ホラーをつくっています。

> **仕事をしていて、どんなときに喜びややりがいを感じますか？**

ホラー小説家のおもしろいところは、人がいやがることをすればするほど喜ばれるところです。ネット小説の場合、読者との距離がすごく近くて、感想など反応が直接見られるのも楽しいです。また演出を手がけた舞台では、怖いシーンで息をのむ音が聞こえてくるなど、怖かったときの反応が見られるのもうれしいですね。怖がらせて楽しませる。ふつうのエンターテイメントとはちがう、ホラーならではのやりがいです。

ユウからの質問

> **すごく怖がりでもホラー小説家になれますか？**

「怖がり」だからといってホラー制作に向いていないということはなくて、それはむしろ重要な才能です。まわりのホラー小説家にも「ホラー映画は怖くて見られない」という人はたくさんいます。ホラーばかりつくり続けていると、「何が怖いんだっけ？」とわからなくなるときがあります。そんなときに、自分なりの怖い感覚をもっていると、それを活かして実体験にもとづいた怖い話が書けると思いますよ。

わたしの仕事道具
パソコンと事典

原稿の執筆や資料集めはもちろん、怖い画像や音声データ、イラストの編集など、すべてパソコンで行います。また日本全国に伝わる怪異や、怖い言葉を集めた事典も、参考図書として欠かせません。

> **教えてください！**

ホラー小説家の未来はどうなっていますか？

書籍やネットなどのホラーだけでなく、今までにない場所に新しいホラーが出てくるでしょう。わたしのように、顔も名前もわからない「匿名性」もホラーと相性がよく、今後ますます増えてくると思います。

みなさんへのメッセージ

ネットでの創作仕事は、孤独な作業と思われがちですが、じつはかなり多くの人とかかわり話しながら行います。今のうちから、クラスのいろいろな人とゆるく付き合えるくらいの余裕をもっておくとよいですよ。

梨さんの今までとこれから

プロフィール

2000年、長崎県生まれ。九州大学文学部卒業。子どものころからネット怪談に親しみ、自らホラー作品を制作して投稿。これまでに書籍『かわいそ笑』『6』、原作漫画『コワい話は≠くだけで。』を出版するほか、イベント「その怪文書を読みましたか」のストーリー制作など、幅広く活躍しています。

2000年誕生

7歳

インターネットの存在を知る。ネット上の都市伝説や、大型電子掲示板2ちゃんねる（現5ちゃんねる）のオカルト板への投稿にのめりこむ。

11歳

ネット上での創作を本格的に開始。最初はホラーではなく、現代詩や漫画、イラストが多かった。

創作をしながら、学校生活も楽しむ。漫画やイラストをかくこと、歌を歌うことも好きだった。

15歳

今につながる転機

19歳

共同創作サイト「SCP財団」に梨（Pear_QU）の名前でホラー作品の投稿をスタートし、高い評価を得る。九州大学文学部に進学する。

大学では人類学の研究室に入り、「フィールドワーク」という調査・研究のための手法などを学ぶ。

21歳

「SCP財団」の作品を読んだ編集者から声がかかり、初の長編小説に挑戦。大学の卒業論文を書きながら『かわいそ笑』を執筆・出版する。

23歳

大学卒業と同時に東京に引っ越す。ホラー小説家として、本格的に活動をはじめる。

現在
24歳

未来
30歳

音楽やアニメ、ファッション、キャラクター関係など、小説以外のジャンルの仕事をして、いろいろな人とかかわっていきたい。

梨さんがくらしのなかで大切に思うこと

中学1年のころ ▬▬
現在 ▬▬

2024年1月に発売された、3作目となる書籍『自由慄』の色校正紙。編集者とともに、念入りに確認をしました。

大のスイーツ好きで、おいしい店にも詳しくなりました。写真は最近行った「アフタヌーンティー」のお気に入りメニュー。

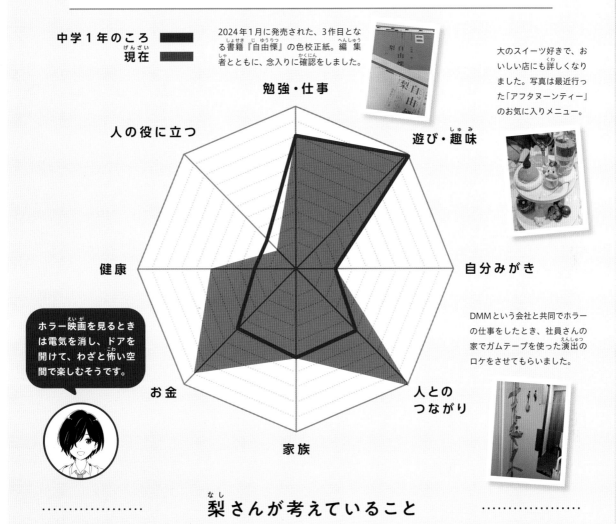

勉強・仕事

人の役に立つ

遊び・趣味

健康

自分みがき

DMMという会社と共同でホラーの仕事をしたとき、社員さんの家でガムテープを使った演出のロケをさせてもらいました。

> ホラー映画を見るときは電気を消し、ドアを開けて、わざと怖い空間で楽しむそうです。

お金

人とのつながり

家族

梨さんが考えていること

さまざまな分野や空間へ
ホラーの可能性を広げていきたい

　今、エンターテイメント業界では、ホラーの分野がとても盛り上がっています。プロとアマチュアというかき根を越えて、日々さまざまなコンテンツが生まれているのです。わたしも現在、なぞ解きイベントやアーティストのライブの演出などを手がけていますが、今後は音楽やアニメ、ファッションなど、ホラーとは一見関係なさそうなジャンルとも連携して、積極的に仕事をしていきたいと思っています。また、街そのものや遊園地全体、ビル丸ごと1棟など、大規模な空間を使って行うリアルイベントにも挑戦してみたいです。

　ネット上には潜在的なホラー好きがまだまだたくさんいると感じています。今後、さらにコンテンツのすそ野を広げ、数千万人くらいの単位でホラーファンを増やしていきたいですね。

HISTORIAN

歴史学者
（れきし）

妖怪（ようかい）って
本当にいるの？

？

研究は１人で
するの？

？

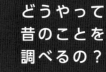

どうやって
昔のことを
調べるの？

？

好きなことを
研究するのは
楽しい？

？

歴史学者ってどんなお仕事？

　昔の社会や当時の人々の生活について調べる研究者を歴史学者といいます。昔のことを詳しく調べて新たな事実を明らかにしたり、社会がどのようにして成り立ってきたのかを検証したりするのが仕事です。研究範囲はとても広く、地域や時代、ジャンル（政治、芸術、科学、民俗など）をかけ合わせて自分だけの研究テーマを決め、関連する古い文献（古文書や昔の書物）などを読み解き、自分の考えをまとめて論文や学会で発表します。正解がないなかで、時には批判をされてもコツコツと研究を進める粘り強さや精神的な強さがもとめられます。次の世代の歴史学者を育てるため、大学生への教育や指導、大学・学会での会議などもあり、スケジュールの管理能力も必要です。

給与
（※目安）

28万円
くらい〜

　大学で助教や講師となる場合の初任給で、所属する大学や、講師では専任か非常勤かによってもちがいがあります。研究員はさらに少し下がる傾向があります。

※既刊シリーズの取材・調査に基づく

歴史学者に なるために

ステップ 1
大学で歴史や 論文の書き方を学ぶ
必要な知識や文献を読み解く力を身につけ、研究テーマをしぼって論文にまとめる。

ステップ 2
大学院に進み 博士号を取得する
必要な単位を取って指導を受け、論文が認められると博士号が取得できる。

ステップ 3
大学の採用審査に 合格する
大学や研究所などに採用され、自分の研究を続けながら、学生の指導なども行う。

こんな人が向いている！

調べることが好き。

努力を続けられる。

自分の世界をもっている。

細かい作業が好き。

失敗してもめげない。

もっと知りたい

　博物館などの学芸員となって研究する場合は、「学芸員」の国家資格が必要です。資格の取れる大学で必要な単位を取得することで得られます。優れた研究内容を学会で発表し、そこで出あった人との交流が新たな仕事につながることもあります。

歴史学者
木場貴俊さんの仕事

妖怪について記録されたさまざまな書物を読み解き、参考にしながら論文を書き進めていきます。

なぜ人は妖怪を生み出したのか
その仕組みを解き明かす

　京都先端科学大学の歴史学者である木場貴俊さんは、江戸時代の人々と妖怪とのかかわりについて研究しています。木場さんは、当時の人々が不思議であやしいできごと（怪異）を自分たちなりに納得するために妖怪を生み出したと考えています。たとえば、山道で空腹やつかれで歩けなくなったとして、当時の人はそれを怪異だと思い、また、こうした体験をした人が何人もいたとき、その怪異に「ひだる神」（妖怪）という

名づけが行われ、共有されて伝わると考えています。木場さんは妖怪を記録した書物などから当時の人々が妖怪をどうとらえていたのか調べ、当時の人々の考え方や価値観、生活などを明らかにしています。

　研究には妖怪のことだけではなく、当時の政治、文化、くらし、気候など幅広い知識が必要です。木場さんは当時の資料や当時のことを研究した本などを読み解き、人と妖怪とのつながりを見いだしていきます。資料は一般に売られていないものも多く、図書館や研究機関、自治体の郷土資料館などのほか、古書店で見つけることもあります。

また研究では、まずそのテーマを決めることが大事です。木場さんは研究のテーマさがしをつねに頭の片すみで行っています。ほかの歴史学者の発表を聞いて思いつくこともあれば、論文を書いているときに別のテーマが思いうかぶこともあります。テーマをしぼったら、過去に発表された論文の調査が必要です。よい研究テーマを見つけても、だれかがすでに発表したのと同じ内容のものでは意味がありません。もし同じような研究内容があっても、切り口や対象を変えて独自の研究にできないかも考えてテーマを決めていきます。

研究した内容は、論文にまとめたり学会で発表したりします。研究には独自性が必要ですが、新しすぎるとっぴな内容も受け入れられません。木場さんは、それまでに研究されてきたことをベースに、自分の新しい考え方を積み上げるバランスを大切にしています。

論文は、学術雑誌に投稿して掲載してもらうことで、自分の業績として認められます。掲載までには何度も審査があり、つじつまが合わなかったり納得してもらえなかったりすると修正をもとめられます。受理されるまでに６年以上かかった論文もあり、木場さんは、受理されなければさらに必要な情報を集める、あるいは別の視点でアプローチするなど根気強く取り組みます。あきらめないことは学者を続けるうえで大事だと考えています。よい研究成果を上げて、妖怪が歴

国際シンポジウムで妖怪について議論を交わします。江戸時代の妖怪文化を、世界に向けて伝える大切な機会です。

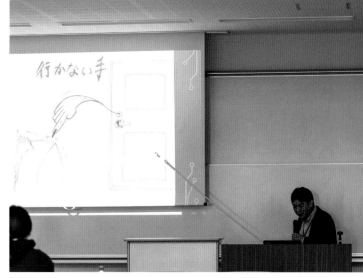

授業では妖怪研究のおもしろさを伝え、人がどのように妖怪を創造したのかを学生に疑似体験してもらったりします。

史研究に役立つという新しい視点を提供することで、歴史学の発展にも貢献しています。

妖怪の研究を引き継いでくれる
次世代の才能を育てていく

木場さんには、大学教員としての仕事もあります。妖怪を切り口とした歴史学が引き継がれるよう、大学生に研究の方法を教え、育てることも大切なのです。木場さんは、妖怪に興味をもたない学生でもわかりやすいよう、授業に工夫をこらしています。たとえば、日常生活の困りごとと結びつけてオリジナルの妖怪を創造する「妖怪づくり」を通して、昔の人が妖怪を生み出した思考をたどれるようにするなど、学生たちに妖怪を使った研究のおもしろさを伝えます。

研究室には、木場さんの専門分野である江戸時代の妖怪文化を研究したい学生が所属しています。木場さんはその研究指導も行います。木場さんは学生の研究したい気持ちを尊重しながら指導をすることを心がけています。スケジュールや研究内容に無理がある場合は、解決法を伝えて考えてもらうようにします。研究を通して、社会に出ても活用できる情報収集力や情報のよしあしを判断できる能力ものばせるよう、学生の将来を考えて指導にあたっているのです。

9:30

TAKATOSHI'S 1DAY

木場貴俊さんの1日

午前中に授業を、午後に研究指導を行い、自分の研究も進める木場さんの1日を見てみましょう。

この日は10時半から授業があるので、授業開始の1時間前には大学に着くように家を出ます。

7:00	8:30	9:30
起床・朝食	家を出る	大学に到着

1:00	23:30	21:00
就寝	入浴	DVD鑑賞

DVDで映画やアニメを見るなど、趣味を楽しみます。しめきりが近いときは執筆することも。

10:30

13:00

14:00

1年生の授業では、妖怪について理解しやすいように、工夫しておもしろさを伝えます。

自分の研究室で食べることが多いため、研究室にはお茶やインスタントみそ汁を常備しています。

必要な書類作成やメールの送信などの事務作業を行います。

図書館で過去の論文や資料を確認します。図書館にない資料は取り寄せてもらうこともあります。

10:30
授業

12:00
昼食

13:00
事務作業

14:00
図書館で調査

19:00
退勤

17:30
原稿執筆

16:00
卒業論文の指導

15:00
研究相談

研究室の管理も大事な仕事です。室内を消灯し、戸じまりを確認してから自宅へ帰ります。

資料を調べながら論文や依頼のあった雑誌の記事、本の原稿を書きます。しめきりは守ります。

卒業をひかえた4年生を対象に、卒業論文の進み具合の確認やまとめ方の助言などを行います。

学生から研究の相談を受けます。映画やアニメの話題でコミュニケーションをとることもあります。

17:30

16:00

15:00

木場貴俊（きばたかとし）さんをもっと

どうして妖怪の研究をしようと思ったのですか？

6歳（さい）のときに見たテレビアニメ『ゲゲゲの鬼太郎（きたろう）』で妖怪（ようかい）の魅力（みりょく）にはまりました。妖怪図鑑（ようかいずかん）を読み込み、図書館に通って妖怪について夢中（むちゅう）で情報（じょうほう）を集めました。高校生になって将来（しょうらい）の進路を考える機会が増えると、決まった時間のなかで管理されて作業をするような仕事は自分には向かないと気づきました。それよりも自由に自分の考えを深められる仕事につきたいと考えるようになったのです。もっと学びたい、好きな妖怪（ようかい）のことをもっと調べたいという思いも強くなり、それなら学者になろうと決めました。歴史（れきし）が好きだったこともあり、大学では歴史（れきし）文化学科を選びました。

この仕事で大変なことや苦労することは何ですか？

就職先（しゅうしょくさき）を見つけるのに苦労しました。博士号（はくしごう）を取得（とく）したあと、大学の非常勤講師（ひじょうきんこうし）をしたり、妖怪研究（ようかい）の第一人者である小松和彦先生（こまつかずひこ）（国際日本文化研究（こくさいにほんぶんか）センター名誉教授（めいよきょうじゅ））のもとではたらいたりしながらスキルをみがきました。研究発表の場は多くの人との出あいがあり、人脈（じんみゃく）づくりに役立ちました。

研究では、答えが見つからないという苦労があります。自分の考えた通りにいかないことも多く、その場合は理由を考え、調べたさまざまな情報（じょうほう）から新たな切

り口を見つけて答えをさがします。また、本の置き場所にも困（こま）っていて、研究を進めれば進めるほど資料（しりょう）がどんどん増えていってしまうのは切実な問題です。

この仕事で印象（いんしょう）に残っていることはありますか？

『ゲゲゲの鬼太郎（きたろう）』の作者・水木しげる先生の展覧（てんらん）会「水木しげるの妖怪（ようかい） 百鬼夜行（ひゃっきやこう）」展に企画協力（きかく）として参加できたことです。妖怪（ようかい）を研究するきっかけとなった作品にスタッフとしてかかわったことを、子どものころの自分に教えてあげたいです。小説家の京極夏彦（きょうごくなつひこ）さんの作品に研究が取り上げられたこともあり、研究を続けることの意義を感じることができました。

この仕事で心がけていることは何ですか？

趣味（しゅみ）なら「好き」だけで続けられますが、仕事にすると「好き」だけでは乗り越えられない場面が出てきます。研究には終わりがなく、モチベーションをたもち続けることが必要です。だからわたしは、「あきない努力」を大切にしています。あきそうになったら、ちがうテーマを考えてみる、別の作業をしてみる、別の資料（しりょう）をめくってみるなど、研究対象をきらいにならないように工夫（くふう）して、モチベーションをたもつように心がけています。

知りたい

> この仕事のやりがいは
> どんなところにありますか？

　歴史学者はさまざまな本や資料を読んで導き出したことが論理的に正しく、だれもが納得できるように説明しなければなりません。昔の資料をさがし出して、くずし字（もとの漢字をくずした文字）などで書かれた内容を読み解くのはとても大変で時間のかかる作業です。しかし、たくさんの資料から「これこそ」というものが見つかり、パズルがぴたりとはまるように自分の考えを証明できた瞬間は、苦労が報われて「がんばってよかった」と感じます。

ユウからの質問

> 暗記が苦手でも、
> 歴史学者になれますか？

　学生までは試験が大事なので、暗記力が必要かもしれません。けれども歴史学者になったら、暗記しなくても、必要な情報は文献を調べればわかります。大切なことは、客観的に説明できる能力です。苦手なことに目を向けるのではなく、自分の得意なことを活かせる方法を見つけると、ほかの歴史学者にはまねができない強みになりますよ。図書館に通ってさまざまな本を読んだり、辞書をこまめに引いたりするのも歴史学者になるために役立ちます。

わたしの仕事道具

辞典

昔の書物を読み解くのに必要な専門の辞典です。いつでも引けるように机の上に置いています。江戸時代の書物に使われているくずし字は種類も多いので、『くずし字用例辞典』はなくてはならない辞典です。

> 教えてください！

歴史学者の未来は
どうなっていますか？

　歴史学は昔のことを調べる学問ですから、この先もあり続けるでしょう。海外では妖怪が、日本でも人狼など海外のあやかしが人気です。未来の妖怪研究は、日本と海外の研究交流が活発になっているのでは。

みなさんへの
メッセージ

　歴史学は自分だけの見方（オリジナリティ）を論理立てて説明することが大切で、それは先人の研究を調べることから見つかります。情報に興味をもち整理することで、自分だけのアイデアが見つかるはずです。

木場貴俊さんの今までとこれから

プロフィール

1979年、岡山県生まれ。関西学院大学大学院で歴史学の博士号を取得。大学の非常勤講師や国際日本文化研究センターの研究員を経て、京都先端科学大学の講師に着任、2023年4月より准教授に。主に江戸時代の怪異を歴史学の視点から研究。アニメなどのサブカルチャーにも造詣が深く、授業にも取り入れています。

1979年誕生

今につながる転機

6歳 … アニメ『ゲゲゲの鬼太郎』を見て、妖怪の魅力にハマる。

16歳 … マンガ、アニメなどオタク活動を楽しむ高校生活を送る。「将来は学者になりたい」と考えるようになる。

22歳 … 地元の岡山県から関西の大学院に進学し、関西での生活がはじまる。

24歳 … 論文「近世怪異の文化史的研究」で博士号を取得する。

インターネットを通じて、妖怪を愛好する仲間たちと出あう。

32歳 … はじめて1人で書いた書籍『怪異をつくる 日本近世怪異文化史』(文学通信)が刊行される。

38歳

国際日本文化研究センターのプロジェクト研究員として、海外の日本文化研究者と交流を深める。

40歳 … 「水木しげるの妖怪 百鬼夜行」展に企画協力としてかかわる。あこがれていた人にかかわる仕事に参加できた喜びを感じる。

43歳

京都先端科学大学で准教授として活躍。妖怪文化に関する講義や学生の研究指導を行いながら、研究を行う。

現在

44歳

未来

50歳 … 妖怪文化に関心がある世界中の人たちと交流を深めて、妖怪文化を次世代に引き継いでいきたい。

木場貴俊さんがくらしのなかで大切に思うこと

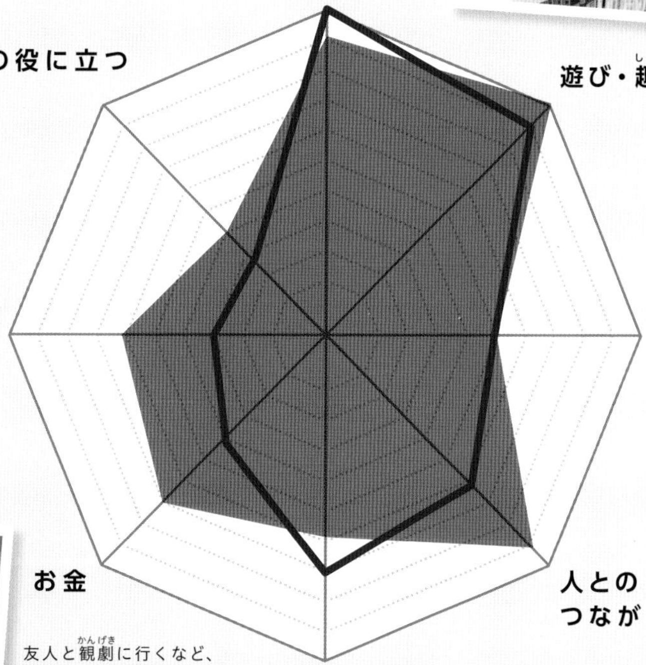

中学１年のころ
現在
勉強・仕事
遊び・趣味
自分みがき
人とのつながり
家族
お金
健康
人の役に立つ

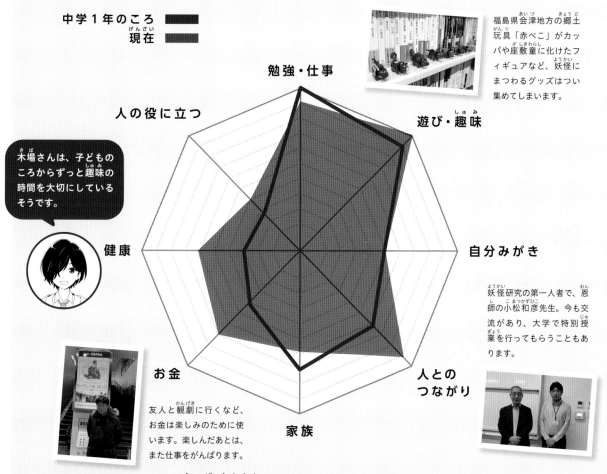

福島県会津地方の郷土玩具「赤べこ」がカッパや座敷童に化けたフィギュアなど、妖怪にまつわるグッズはつい集めてしまいます。

木場さんは、子どものころからずっと趣味の時間を大切にしているそうです。

妖怪研究の第一人者で、恩師の小松和彦先生。今も交流があり、大学で特別授業を行ってもらうこともあります。

友人と観劇に行くなど、お金は楽しみのために使います。楽しんだあとは、また仕事をがんばります。

木場貴俊さんが考えていること

まわりの人から信頼を得ることを大切にする

研究は１人ではできません。自分の研究について批評してくれる人たちがいるからこそ、正しい評価がもらえるのです。研究仲間とは意見を交換しながら、よりよい研究をめざしています。

また、だれかと一緒にはたらくときに大切なのは信頼だと思っています。信頼とは、まじめに仕事をして約束を守ることです。よい仕事を決められた日までに終わらせる、その積み重ねがまわりからの信頼につながります。もし頼まれた仕事をすべて引き受けていたら約束を守るのがむずかしくなるので、自分ができる仕事の量やスケジュールの管理も信頼を得るためには必要な能力です。自分ができることや強み、スケジュールなどを把握して、着実に実績を積み重ねていけば、その研究分野でオンリーワンの歴史学者への道が開けると思っています。

OCCULT EDITOR

オカルト編集者

オカルトって
どういうこと？

?

どんなメディアで
情報を
発信するの？

?

オカルトネタは
どこから
仕入れるの？

?

心霊スポットに
行くことも
あるの？

?

オカルト編集者ってどんなお仕事？

オカルトとは、心霊現象や怪談、超能力やUFOなどのように、自然科学では説明のできない超自然現象や、神秘的な現象のことをいいます。オカルト編集者はオカルトに関する情報（ネタ）を集め、書籍や雑誌、ウェブサイト、動画などの内容を企画、制作して世の中に発信するのが主な仕事です。出版社の社員としてはたらく場合が多いですが、フリーランスで活躍する人もいます。オカルト編集者の仕事では、国内外のオカルトニュースや個人の体験などから、いかに質のよいネタを集めるかがとても重要です。また取材やリサーチを重ね、情報の信頼性を高めることも大事です。集めた情報をどんな方法で、人々が楽しめる話題として発信するかが腕の見せどころです。

給与
（※目安）

21万円
くらい～

コンテンツを制作する出版社やウェブ制作会社などではたらく場合は、その会社の基準となる給与になります。規模の大きな会社ほど、給与が高い傾向も。

※既刊シリーズの取材・調査に基づく

（ オカルト編集者に ）
なるために

ステップ 1

オカルトへの
興味・関心を深める
本や雑誌、漫画、映画やユーチューブなどで、オカルトを楽しみ、知識を身につける。

ステップ 2

出版社や制作会社で
情報発信を学ぶ
出版社やウェブの制作会社などではたらき、編集や情報発信の基本やルールを学ぶ。

ステップ 3

オカルト専門の
メディアで発信する
オカルト専門のメディアにかかわり、企画や制作をして、自ら情報発信を行う。

こんな人が向いている！

不思議な話が好き。

探検するのが好き。

疑い深い。

調べることが得意。

行動力がある。

もっと知りたい

オカルトのみを専門とする編集者はごくわずかですが、仕事の一部としてオカルト情報を編集・発信する人はたくさんいます。また最近では、編集という仕事の枠にとらわれず、独自のユーチューブチャンネルなどで情報発信する人も増えています。

オカルト編集者 角由紀子さんの仕事

ユーチューブチャンネル「角由紀子のヤバイ帝国」の動画を、福田光睦さんと収録している様子です。月に3本ほど更新しています。

自ら調べ、体験した情報だから 説得力のある発信ができる

　角さんは、ウェブサイト「TOCANA」、書籍や雑誌、テレビやラジオ、ユーチューブなどのメディアでオカルト情報を発信する編集者です。「TOCANA」はUFOや宇宙人、心霊現象、スピリチュアル、予言などのニュースを発信するオカルトサイトです。ウェブメディアなどを運営する会社、サイゾーにつとめていた2013年に角さんが立ち上げ、9年間編集長をつとめました。現在は会社を辞め、フリーランスで活動しながら、「TOCANA」の編集を続けています。

　「TOCANA」の記事づくりは、毎日のネタさがしからはじまります。国内外のニュースサイトをチェックし、取り上げたいテーマが見つかったら、その分野を得意とするライターに原稿を依頼します。時には自分でリサーチや取材をして執筆することもあります。あがってきた原稿は、事実関係や言葉づかいなどにまちがいがないかチェック（校正）して修正します。

　原稿が完成すると、専用のシステムを使って記事をサイトに登録する作業（入稿）に移ります。より多くの人に記事を読んでもらえるように、タイトルや画

像・動画などを工夫して、公開する日時を設定したら完了です。角さんは毎日最低8本、月250本のペースの記事を配信し、それが日課となっています。

　角さんは編集者として、自分自身が影響力をもった発信者（インフルエンサー）になることが大切だと考えています。そこで、2022年に立ち上げたのが「角由紀子のヤバイ帝国」というユーチューブチャンネルです。ここで取り上げるテーマは、心霊現象や神秘体験、都市伝説などさまざまです。会いたい人をゲストとして招いたり、角さんが行きたい場所に行って取材したりなど自由に発信しています。共同運営者である福田光睦さんとともに、企画から収録、動画の編集、発信までをすべて2人で行います。

　オカルト情報の発信において、最初のネタ集めはとても重要です。角さんは長年、オカルトにまつわる仕事をしてきたので、オカルトの専門家や心霊体験が豊富な知り合いなど、たくさんの人脈があります。また、一般の人からメールで体験談を募集するなど、さまざまな情報源をもっているのが強みです。

　集まった情報はそのまますぐに発信するのではなく、下調べもします。「これは本当かな？」と疑うことも重要です。また気になるネタはたくさんの本や資料を読んで調べたり、実際の現場に行って取材したりして、より熱意と実感がこもった発信にしています。

オカルトやホラーに関する書籍の企画を提案し、年に2〜3冊の本を出版しています。

「角由紀子のヤバイ帝国」のチャンネル登録10万人を記念したイベントの様子。魔術師から借りた呪いのお面をかぶっています。

情報を伝える相手に合わせて発信の内容も変えていく

　角さんは、テレビ番組「角由紀子のすみっこオカルト研究所」などでMC（司会者）をつとめ、ラジオ番組「角由紀子の明日滅亡するラジオ」にもレギュラー出演しています。また月4回ほど、トークショーなどのイベントも行います。見る人の年齢や特徴、時間帯、場所に合わせて、発信する内容は変わります。たとえば、ファミリー向けのテレビ番組ではあまり怖すぎず、物語性がある内容を選んで話します。一方、大人向けの雑誌やイベントなどでは、より深い心霊現象や社会の闇などに触れることもあります。それぞれの対象に合わせて、自分のもち味を出していきます。

　オカルト情報は本当かうそかわからない、科学的な裏づけがないものがほとんどです。角さんは自分の推測や考えを話す場合には「これはわたしの解釈です」と、きちんと伝えるようにしています。また、幽霊など亡くなった人の話題を取り上げるときは、ちゃかしたり大げさに伝えたりせず、あくまで客観的な事実として話します。オカルト編集者として、読者や視聴者、取材対象に気を配りながら、バランス感覚をもって伝えることをつねに意識しているのです。

11:00

角由紀子さんの1日
（すみゆきこ）

「TOCANA（トカナ）」の制作をこなしながら、ユーチューブの収録を行う角さんの1日を見てみましょう。

毎日、近所の神社にお参りします。自分の名前や住所と「ありがとうございます」と感謝（かんしゃ）を伝えます。

9:00
起床（きしょう）

9:30
神社に参拝（さんぱい）

2:00
就寝（しゅうしん）

23:00
帰宅（きたく）

動画配信サイトで社会問題などがテーマの作品を見ます。2倍速でたくさんの作品に触（ふ）れます。

14:00
15:00

朝食はヨーグルトなど軽いものですませ、ゆったりしながら仕事モードに入っていきます。

イギリスの大衆紙「デイリー・メール」やオカルト系のサイトなどの英文を翻訳して確認します。

午後は外出が多いため、洗濯などの家事をまとめて行い、野菜中心の料理をつくり置きします。

「TOCANA」を運営するサイゾーで新しい本の企画などについて、担当者と打ち合わせをします。

10:30
朝食・仕事開始

11:00
ネタ集め

12:00
家事・シャワー

14:00
サイゾーで打ち合わせ

21:00
会食

20:00
動画編集

18:00
ユーチューブ収録

15:00
編集・入稿作業

新宿の居酒屋で、友だちや仕事関係の人と会食。おもしろいネタを収集できることもあります。

収録した動画のタイトルと、サイトのサムネイルなどは角さんがつくり、内容の編集は福田さんが行います。

ウェブサイトを管理するシステムで「TOCANA」の記事を入稿。見出しや画像を工夫します。

20:00
18:00

INTERVIEW （インタビュー）

角由紀子 さんをもっと

オカルト編集者をめざしたきっかけは何ですか？

　父がオカルト好きで霊感が強く、本棚には怪奇小説や怖い漫画などがたくさんありました。わたしも時々幽霊を見ることがあり、当時からオカルトの話題を集めては友だちと話をしていました。オカルトに加えてファンタジーも好きだったので、高校時代からは出版や編集に関する仕事に興味をもちはじめました。出版社ではたらきはじめて、たまたまスピリチュアル系雑誌にたずさわったことが、今の仕事をはじめるきっかけになりました。普段聞かないような話を聞いたりおもしろい人に出あったり。毎回新鮮なおどろきがあって、これはあきない仕事だなと思いました。

オカルト編集者の仕事でやりがいを感じるときは？

　個人的にオカルト体験をした人は「あの体験は何だったんだろう」「自分の感覚がおかしいんじゃないか」と自分のことを疑う人がすごく多いのです。わたしがいろいろな体験談を発信することで、そういう人に「同じような体験をしている人がいるんだ」と安心してもらい、自分の記憶や感覚に自信をもってもらえたとき、「発信してよかった」と感じます。そういった反応はユーチューブやSNSのコメントなどでももらえるので、大きなやりがいになっています。

仕事をしていて大変なことはありますか？

　この仕事をしていると、幽霊を見たり、とりつかれたりすることがたまにあります。また、呪物（神聖な物品）をなくしたタイミングで骨折するなど、関連があるかはわかりませんが、そういったなぞのけがや体調不良が起きることもありますね。
　霊的な力の強い場所で取材することが多いため、不思議なことが起こりやすくなります。自分が体験することで熱のこもった内容を伝えられるので、怖がらずに勇気をもって行けるかどうかは、オカルト編集者にとって大切なことだと思っています。

印象に残っているできごとを教えてください

　東京のあるところに、日本で一番幽霊が出るといわれている場所があります。わたしもこれまで何度も取材を重ね、この場所に関する本の編集をするなど、今特に注目している心霊スポットです。
　オカルトのさまざまな現象は、1度きりでたまたま起きた現象が多く、科学的な検証ができないものがほとんどです。しかしここでは、さまざまな心霊写真や怪奇現象などをくり返し撮影することができました。そのため、科学的な検証の対象になりうるのではないかと、今後の進展にとても期待しています。

知りたい

オカルト編集者として
心がけていることは何ですか？

　この仕事をしていると、信じられないような話を聞いて「それってうそじゃないの？」と思うことがたくさんあります。それを自分のなかで制限をかけて、自分の知識だけで、何でも「あれもこれもうそだ」と判断してしまうと、オカルトの本質にたどりつけないと思うのです。とはいえ、うその情報があるのも事実で、それを見きわめるのはとてもむずかしいことです。だからこそ、自分がそこに行って体験することがすごく大事です。「これは本当です」とは言えなくても、「わたしは本当だと思いました」と言えるからです。

ユウからの質問

**怖い場所を取材するとき
注意することはありますか？**

　目には見えなくても「つねにそこにいるかもしれない存在」をうやまう気持ちを忘れないことです。たとえば、絶対に足をふみ入れてはいけない「禁足地」には入らない、神聖な場所に入るときはルールを守るなど、当たり前の決まりを守ること。また興味本位で死者や精霊をばかにするような人には、この仕事はできません。また、悪い霊にとりつかれたときは、きちんとおはらいをしてもらうことも大切です。

わたしの仕事道具
夢日記

寝る前に心を静めて瞑想をするとおもしろい夢を見やすくなります。枕もとにノートとペンを置き、朝起きたら「夢日記」をつけています。夢によって、少し先の未来が予測できることもあるので役に立ちます。

教えてください！

オカルト編集者の未来は
どうなっていますか？

オカルトと科学が近づいて融合し、オカルト現象に合わせて科学を見直す、あるいは新しいテクノロジーが生まれる、など今までにはない変化が起きていくでしょう。オカルト編集者の活躍の場も増えそうです。

みなさんへの
メッセージ

自分がどんなときに一番集中力が高まるか、知っておくとよいと思います。感覚が研ぎすまされる「ゾーン」の状態に入ると、神秘的なものとつながりやすく、自分の才能に目覚めるきっかけにもなります。

角由紀子さんの今までとこれから

プロフィール

1982年、東京都生まれ。上智大学文学部中退。株式会社サイゾーで日本最大級のオカルトサイト「TOCANA」を立ち上げ、9年間編集長をつとめました。2021年フリーランスに。ユーチューブチャンネル「角由紀子のヤバイ帝国」をはじめ、さまざまな雑誌、書籍、テレビやラジオ番組などで、オカルトに関する情報を発信しています。

1982年誕生

6歳
とても活発な子どもだった。走って遊ぶことが大好きで、将来は陸上選手になりたいと思っていた。

10歳
アメリカのテレビドラマ『ツイン・ピークス』を見て、幽霊や異空間などに興味をもつようになる。

15歳

20歳
気持ちが落ち込むことが多く、引きこもり生活が続いた。大学はほぼ行かずに中退。その後、デザイン学校に通うが、ふたたび中退した。

自宅で受験勉強をしているとき、とつぜん強い光に包まれて、目の前が真っ白に。UFOがやってきたのではないかと今でも思っている。

25歳
出版社、白夜書房にアルバイトとして入社。先輩に助けられて、はじめて編集した本が年間のトップ売り上げに。

27歳

今につながる転機

29歳
株式会社サイゾーに入社。1年半後の2013年にオカルトニュースを発信するウェブサイト「TOCANA」を立ち上げて編集長になる。

出版社のBABジャパンに入社。スピリチュアル系の書籍編集者として実績を積む。

現在

41歳

39歳で退社してフリーの編集者に。ユーチューブをはじめるなど、現在はさまざまなメディアで活躍中。

未来

60歳
アフリカなど海外の未知なるオカルトをさぐり、50代後半くらいにタイかミャンマーで出家したい。

角由紀子さんがくらしのなかで大切に思うこと

中学1年のころ ▬▬
現在 ▬▬

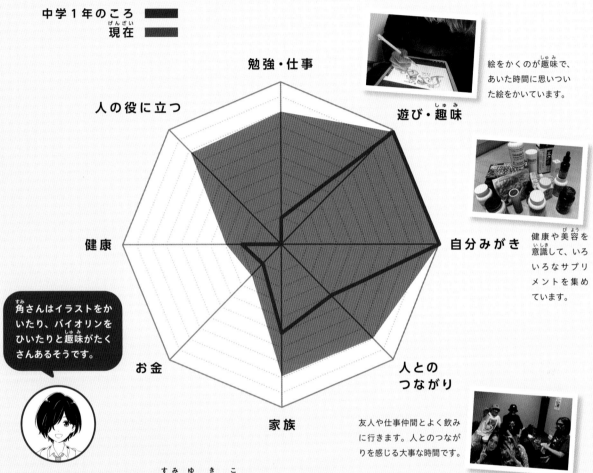

絵をかくのが趣味で、あいた時間に思いついた絵をかいています。

勉強・仕事

人の役に立つ

遊び・趣味

自分みがき

健康や美容を意識して、いろいろなサプリメントを集めています。

健康

お金

角さんはイラストをかいたり、バイオリンをひいたりと趣味がたくさんあるそうです。

人との つながり

家族

友人や仕事仲間とよく飲みに行きます。人とのつながりを感じる大事な時間です。

角由紀子さんが考えていること

「人のため」に何かをすることが結局自分に返ってくる

わたしは子どものころ、「人のため」に何かをすることを一切考えてきませんでした。しかし大人になってオカルト編集者をしていると、人と人とのつながりの大切さに気づかされます。それは日常的なかかわり合いだけでなく、遠い過去に会っているかもしれない人、まだ出あっていない人も含め、精神的に、心の深い部分でつながっている感覚です。

そう考えると「人のため」に何かをすることは、めぐりめぐって自分に返ってきます。みんなが「人のため」を考えれば、世界も平和になるでしょう。

これから、人との深いつながりをよりさぐっていくためにも、1か所に定住するのではなく、いろいろな場所での出あいを重ねていきたいです。また老後、もし自分に財産が残っていたとしたら、それを人のために使っていきたいです。

お化け屋敷プロデューサー

どんなことを
する仕事なの？

怖がりでも
できるの？

お化けのメイクは
どうやって
考えるの？

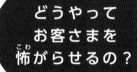

どうやって
お客さまを
怖がらせるの？

お化け屋敷プロデューサーって どんなお仕事？

お化け屋敷プロデューサーは、お化け屋敷を企画して、その制作全体をとりまとめる仕事です。企業・自治体などに企画・提案したり、依頼を受けたりして、常設や仮設のお化け屋敷を制作します。制作の指揮をとりながら、大がかりな舞台美術はデザインやイメージを説明して外部に発注したり、小道具や衣装は自分たちでつくったりします。予算やスケジュールの制限内で利益と安全を確保し、お客さまに楽しんでもらえるお化け屋敷をつくるスキルがもとめられます。お客さまを怖がらせる演技力をもつアクターさがしや、ストーリーを考えてそれに合わせたメイクの考案や演技の指導など、お化け屋敷制作にかかわる人たちをまとめることも大切な仕事です。

給与
（※目安）

18万円
くらい〜

ホラーイベントの多い夏に需要が高いです。常設のお化け屋敷を運営すると収入が安定します。積極的な営業活動やメディア出演によるアピールも大切です。

※既刊シリーズの取材・調査に基づく

（ お化け屋敷プロデューサーに ） なるために

 ステップ 1

お化け屋敷やその 制作を体験する

お化け屋敷に行って体験したり、文化祭や地域のお祭りで制作や演出を手がけたりする。

 ステップ 2

お化け屋敷で運営 などの経験を積む

お化け屋敷や制作会社などにつとめて、制作や演出、運営のスキルをみがく。

 ステップ 3

お化け屋敷 プロデューサーに

お化け屋敷プロデューサーとして独立し、独自の演出でお客さまを楽しませる。

こんな人が向いている！

想像力が豊か。

ホラーが大好き。

人を楽しませるのが好き。

じつは怖がり。

手先が器用。

もっと知りたい

ホラー映画や小説などから怖い演出を研究したり、特殊メイクや演技の経験を積んだりするのもよいでしょう。チャンスがあれば、お化け屋敷でアルバイトをしてみると、外からは見えない運営のコツを学べます。

お化け屋敷
プロデューサー
Cocoさんの仕事

小道具のわら人形を手づくりします。お客さまが恐怖でにぎりしめてもいいようにボンドで固めて仕上げます。

怖がってもらうために
スタッフ全員を1つにまとめる

Cocoさんは、純和風のお化け屋敷制作を得意とする「京都オカルト商会」に所属するお化け屋敷プロデューサーです。依頼者と予算や期間、場所などを細かく打ち合わせて、希望に合ったお化け屋敷をつくり上げます。お化け屋敷は遊園地だけではなく、最近では自治体のプロモーションや商店街の活性化イベントとしてつくられることも多く、幅広い年齢層に人気のエンターテイメントです。

依頼を受けると、Cocoさんはまず制作する土地をたずねてお化け屋敷をつくる建物を下見します。地域に根ざした伝承や都市伝説をベースにしたストーリーと、建物の雰囲気を活かしたお化け屋敷づくりを心がけているからです。また、もし災害が起こったときに避難経路を確保できるかなど、法律を守った制作ができるかもたしかめます。

下見をしながら、お化け屋敷の設定となるストーリーやお化け屋敷のイメージを考えます。雰囲気のある古い建物はお化け屋敷に向いていますが、国の重要文化財に指定されていてきずをつけられないような建物

の場合、お客さまが歩いて回るウォークスルー型は向きません。その場合はすわったまま、たとえば、うす暗い部屋で怪談を聞いていると、いつの間にか後ろに髪の長い幽霊がいる、というような音などで怖がらせるサウンドホラー型の演出を考えます。

Cocoさんはチームワークを大事にしています。運営メンバーやお化けを演じるアクター、舞台制作担当のスタッフなどとアイデアを出し合って、一緒に制作を進めます。チームのなかでもアクターは、お化け屋敷の評価を決める重要な存在です。「もっとうまくおどろかそう」という情熱と向上心があって、信頼できる人をオーディションで選抜します。

Cocoさんは、メイクから小物づくりまでこなします。高校のころからゾンビメイクでイベントに参加するなど、お金をあまりかけずに怖いメイクや衣装を研究してきた経験が活きています。スタッフにもストーリーに合ったメイクや演技の指導を行います。

お化け屋敷が完成したあとも、Cocoさんは受付などに立ち、お客さまの反応が悪ければアクターに伝えて、改善するようにしています。また、アクターにやる気があっても、一日中お化け役を演じるのは大変なことなので、はげましたりよかった演技をほめたりなどして、アクターにモチベーションをたもってもらうようにしています。

「蛇女」のメイクを仕上げます。ユーチューブの動画などを参考にしながら、新しいお化けメイクを考えています。

怪談師として表情や声で演技をして怖い話を語ります。衣装や照明などで、ホラーの世界観を演出しています。

オリジナルの怪談をつくって人前や配信で語り演じる

Cocoさんは声や表情だけで恐怖の世界へいざなう怪談師としても活躍しています。ストーリーは、一般の人に自分が体験した怖いできごとを話してもらい、その話を買い取るというユニークな方法で集めています。意外と不思議な体験をした人は多く、プロがつくった話とはまたちがった素人ならではの表現に魅力があります。それに脚色を加えてオリジナルの怪談へと仕立てますが、うそっぽいと感じる部分があると怖くありません。そこで話の舞台となる現場を取材して、内容に矛盾がないかを確認するなどリアリティを追求しています。また、怪談初心者には結末がわかりやすい話を、怪談上級者にはあえて結末がはっきりせず、「あれからどうなったんだろう」といった余韻を楽しんでもらえるような話を選ぶなど、客層に合わせた工夫もしています。

人前で話すのは苦手だったCocoさんですが、今ではインターネットでのライブ配信も楽しんで行っています。さらに、ホラーをもっと幅広い方に楽しんでもらい、「オカルトといえばCocoさん」と知られるようになるために、怪談を集めた本の執筆やSNSでの発信など、さまざまな活動を積極的に行っています。

Coco さんの 1日

現地視察、アクターのメイクや演技指導など制作を進める Coco さんの1日を見てみましょう。

9:00

お化け屋敷の開催を予定している建物を下見し、どのような企画がよいかスタッフと話し合います。

7:00	8:00	9:00
起床・朝食	家を出る	現地視察

2:00	1:00	21:00
就寝	ライブ配信	演出を考える

現在SNSのフォロワーが約45万人います。ライブ配信でさらにオカルトファンを増やしています。

1:00

13:30　14:00

1度家にもどって昼食を食べてから、大量の道具をもって次の打ち合わせへ向かいます。

お化けを演じるアクターたちと、ストーリーや演技について事務所で打ち合わせをします。

古着に血のりをペイント。鮮血や固まった血などリアルさを追求し、手形をつけて仕上げます。

白い肌と黒くくぼんだ目、そして血のり。ポイントとなるメイクを、指導しながらチェックします。

11:30
昼食

13:00
事務所で打ち合わせ

13:30
衣装制作

14:00
メイク指導

19:30
帰宅・夕食

18:30
買い出し

16:30
小道具の製作

15:00
演技指導

血のりやボンドなど、残りが少なくなった消耗品を100円ショップなどで買っておきます。

よごれてもいいように、すでによごれたお化けの衣装を着て、つくったわら人形に色をぬります。

ストーリーを伝え、目の表情や腕ののばし方など、お客さまの恐怖を引き出す演技を指導します。

16:30　15:00

INTERVIEW インタビュー

Cocoさんをもっと

お化け屋敷プロデューサーになったきっかけは？

子どものころから純粋にオカルトやホラーが好きでしたが、お化け屋敷プロデューサーを仕事にできるとは思っていませんでした。好きという気持ちを大切にして周囲にも伝え続けていたら、お化け屋敷で仕事をしていた親戚がいて、声をかけてもらうなど偶然のめぐり合わせに恵まれ、お化け屋敷を経営することになったのです。もしこの縁がなかったら、お化け屋敷プロデューサーになるのに、ものすごく行動力と知識が必要だったと思います。好きなことを仕事にできたので、努力や苦労がつらいとはまったく感じません。

この仕事のやりがいはどのようなところですか？

お客さまのリアクションです。お化け屋敷に入る前は余裕のあるそぶりを見せていた屈強そうな男性が仕掛けにビクッとおどろいたり、中では大絶叫で涙を流していた人が出口では「怖かった～」って喜んでいたり、そんな姿を見ると充実感でいっぱいになります。人が普段の生活ではおさえがちな「絶叫、涙、笑い」という複数の感情を引き出せるのが、お化け屋敷のおもしろさと魅力です。「ここめっちゃ、怖かってん！」と友だちを誘って何度も来てくださるお客さまの声を聞くと制作のつかれも吹き飛びます。

これまでに印象に残っているできごとはありますか？

校外学習で京都に来ていた高校生がお化け屋敷を気に入って、友だちを誘って15人で来てくれました。しかしまわりに友だちがいると恐怖はうすらいでしまい、満足してもらえません。そこで、いかに集団をバラバラにして怖がらせるか、チーム一丸となって挑戦しました。まず前方と後方をおどろかすと、真ん中の人は安心しています。油断しているときにおどろかせると恐怖は倍増するので、そのタイミングをねらって左右から同時に真ん中の人もおどろかせました。ねらい通りに集団は散り散りになり、グループ全員に楽しんでもらえました。お客さまごとに演出を変えていくわたしたちのやり方が、成功してうれしかったです。

この仕事で工夫していることを教えてください

エンターテイメントとして楽しんでいただくため、お客さまに合わせた、ちょうどよい怖さをめざしています。「怖いほうが楽しそう」と思うかもしれませんが、怖すぎると途中でリタイアする人が増えて、せっかく一緒に来ても全員が楽しめず、ほろ苦い思い出になってしまいます。逆にスリルが足りないお化け屋敷はまったくおもしろくありませんよね。だからお客さまが出あう一番最初の演出で怖がり方のレベルを確認し、

知りたい

耳につけたインカム（無線通信機器）で全員で共有します。演出方法をグループごとに調節して、リタイアされないギリギリの恐怖感を提供するのです。

また、お化け屋敷の世界に没入してほしいので、1つのグループが別のグループに出あわないように進行スピードを細かく調節します。暗視カメラでチェックする以外にも、お客さまのさけび声で現在地を確認しています。恐怖で足がすくんでしまう人には後ろからおどろかして進んでもらい、逆に走っていってしまう人は前からおどろかして止まってもらうなど、インカムでアクターに細かく指示を出しています。

おどろかすのに一番効果的なのは大声です。1日お化けを演じると声がかれてしまうので、こまめに水を飲んでケアをします。

ユウからの質問

**怖がりでも、この仕事が
できますか？**

むしろ怖がりの方のほうがこの仕事に向いているかもしれません。わたしはあまり恐怖を感じないタイプなので、じわじわと心に侵食するこまやかな演出が苦手です。怖がりの人は、恐怖をだれよりも敏感に感じとれる能力があるので、お客さまの視点で演出できて強みになると思います。ちなみに、お化け屋敷は本当にお化けが出そうだといわれますが、見たことはありません。現実世界のほうがよっぽど怖いです。

わたしの仕事道具
血のり

血のりは恐怖を簡単に演出できる道具です。あざやかな赤、どす黒い赤、ドロドロ、サラサラとさまざまな種類があり、目的に合わせて使い分けます。100円ショップにもあり、手軽にお化けに変身できます。

教えてください！

お化け屋敷プロデューサーの
未来はどうなっていますか？

お化け屋敷は約200年前からあり、今も愛されていて、未来も変わらず人気でしょう。これからは、アクターの演出とプロジェクションマッピングなどの技術が合わさった次世代型の演出が増えていきそうです。

みなさんへの
メッセージ

お化け屋敷プロデューサーは広く知られている職業ではありませんが、お客さまから元気がもらえる最高の仕事です。ホラーが大好きな人は、怖がらせて楽しませるこの仕事をぜひめざしてみてください。

Coco さんの
今までとこれから

プロフィール

1997年、京都府生まれ。ホラーに夢中な子どもで、専門学校を経てトリマーになるが、ホラーへの情熱が忘れられず22歳でお化け屋敷プロデューサーに。建物の魅力やその土地の民話を活かしたお化け屋敷を全国でプロデュースするほか、怪談師や書籍執筆などでオカルトファンを増やしています。

1997年誕生

6歳 …… 将来は芸能人かペットのトリマーになりたいと思っていた。

7歳 …… 夏休みに見たテレビアニメ『地獄先生ぬ〜べ〜』でホラーのおもしろさを知る。

9歳

12歳 …… アニメ『怪談レストラン』や、児童文学作家の木暮正夫さんの子ども向けホラー本に夢中になる。

友だちとのお泊まり会で見た海外ホラー映画の恐怖に衝撃を受ける。 …… **17歳**

18歳 …… 心霊スポットに関心をもち、はじめて訪問する。その後、ひんぱんに訪れるようになる。

地方にあるお化け屋敷を初体験する。各地の心霊スポットをめぐるために日本一周をする。 ……

今につながる転機

22歳 …… 「怪談最恐戦2019」（竹書房主催）で怪談師デビュー。親戚に声をかけてもらい、常設のお化け屋敷「京都怨霊館」を一緒にオープンする。

建物の老朽化で京都怨霊館が閉業するが、経験を活かしてイベントや各種メディアへ出演しはじめる。 …… **25歳**

現在

お化け屋敷の受注制作を開始。はじめて1人で書いた書籍『怪談怨霊館』（竹書房）が刊行される。 …… **26歳**

未来

45歳 …… たくさんの人が恐怖体験を楽しめるように、ホラー系アトラクション専門の遊園地やホラー関連の店舗をいくつも経営したい。

Cocoさんがくらしのなかで大切に思うこと

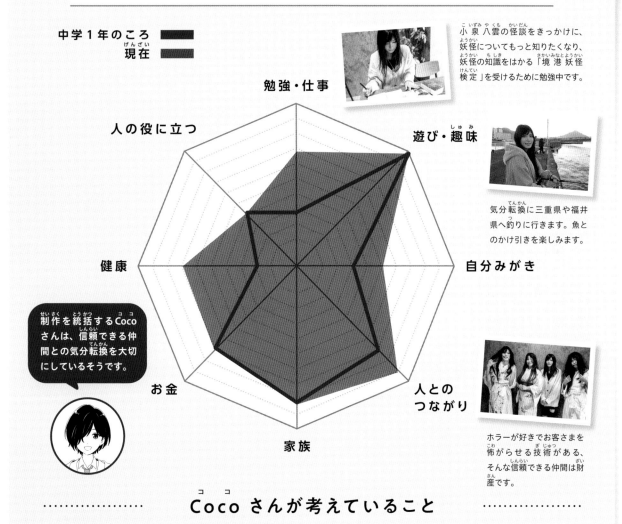

中学1年のころ
現在

勉強・仕事

遊び・趣味

人の役に立つ

自分みがき

健康

人との
つながり

お金

家族

制作を統括するCocoさんは、信頼できる仲間との気分転換を大切にしているそうです。

小泉八雲の怪談をきっかけに、妖怪についてもっと知りたくなり、妖怪の知識をはかる「境港妖怪検定」を受けるために勉強中です。

気分転換に三重県や福井県へ釣りに行きます。魚とのかけ引きを楽しみます。

ホラーが好きでお客さまを怖がらせる技術がある、そんな信頼できる仲間は財産です。

Coco さんが考えていること

日常生活の中にひそむ恐怖を追求して怖いお化け屋敷をつくる

「後ろをふり返ったらお化けがいるかも……」。ホラーの世界は日常生活にひそむからこそ、より恐怖を感じます。特別な場所に行かなくても、お化け屋敷が近くになくても、いつも脳のホラーモードをオンにしておけば恐怖の演出アイデアは自然に生まれてきます。たとえば古びた神社や井戸を見たとき

にぞっとするストーリーを考えてみたり、夜道を歩いているときの不気味なイメージを書きとめておいたりすると演出にとても役立つのです。
ホラー映画や怪談小説も楽しむだけでなく、どんな表現が効果的か研究しながら味わうと学びがたくさんあります。人に感想を聞くと、怖さに慣れた自分では気づかない恐怖が見つかることもあります。想像力をフルに使い、自由発想でもっと楽しいお化け屋敷をつくっていきたいと思います。

ジブン未来図鑑 番外編

ホラーが好き！
な人にオススメの仕事

この本で紹介した、ホラー小説家、歴史学者、オカルト編集者、お化け屋敷プロデューサー以外にも、「ホラーが好き！」な人たちにオススメの仕事はたくさんあります。ここでは番外編として、関連のある仕事をさらに紹介していきます。

▶ 職場体験完全ガイド ⑤ p.3 とあったら
「職場体験完全ガイド」（全75巻）シリーズの5巻3ページに、その仕事のくわしい説明があります。学校や図書館にシリーズがあれば、ぜひチェックしてみてください。

ホラー漫画家

（こんな人が向いている！）
・ホラー小説やホラー映画が好き
・空想することが楽しい
・ものごとに対する観察力がある

（こんな仕事）
　ホラー漫画をかく仕事です。絵をかくだけでなく、キャラクターをつくり、舞台となる世界観を設計し、起伏のある物語を考えます。プロット（あらすじづくり）・ネーム（コマ割りやセリフづくり）・下がき・ペン入れ・仕上げという工程を経て漫画をつくっていきます。またその過程で担当編集者と打ち合わせを行い、修正を重ねて作品を完成させます。

（ホラー漫画家になるには）
　出版社に作品をもち込んで評価を得たり、出版社が行うホラー漫画の賞へ応募して、賞を受賞することでデビューをめざす方法が一般的です。最近はSNSの投稿が注目されてデビューする人もいます。

オカルトライター

（こんな人が向いている！）
・文章を読んだり書いたりするのが好き
・時間の管理ができる
・調べものをするのが得意

（こんな仕事）
　オカルトに関する雑誌や本、ウェブサイトなどの記事を書く仕事です。オカルト関係の雑誌を出版している出版社などから依頼を受け、超常現象や都市伝説、怪談などについての原稿を執筆します。調べものをしたり、超自然的な体験をしたことがある人に取材をしたりして情報を集め、わかりやすさやおもしろさに気を配りながら記事を書き上げます。

（オカルトライターになるには）
　大学や専門学校を卒業後、オカルトに関するコンテンツを制作している出版社や編集プロダクションにライター職として就職します。経験を積み、フリーランスとして独立する人もいます。

怪談師

（こんな人が向いている！）
・人前で堂々と話をすることができる
・イベントに参加するのが好き
・人の体験談を聞くのが好き

（こんな仕事）
　怖くて不思議な話を人前で話す仕事です。寄席、テレビ、動画配信サイト、カフェやイベント会場など、活動の場所はさまざまです。怪談は、だれかの実体験をもとにした実話怪談と、フィクション（つくり話）を話す創作怪談に分かれます。

（怪談師になるには）
　寄席で活動する場合は、講談の師匠に弟子入りして、講談師として経験を積みながら得意な怪談噺を増やしていきます。活動の場を選ばない場合は、動画配信サイトなどで自分のチャンネルを開設するなどして怪談をどんどん発信し、有名になることをめざします。

ホラーゲームクリエイター

（こんな人が向いている！）
・ゲームをプレイするのが好き
・人を楽しませることが好き
・チームワークを活かした活動が得意

（こんな仕事）
　ホラーゲームの企画・制作にたずさわる仕事です。ゲーム制作には、企画を立てるゲームプランナーや、コンピューターを用いてプログラムを作成するゲームプログラマー、ゲームのビジュアルを制作するCGデザイナーなどがかかわっています。多くの人で分担する場合がほとんどですが、作品の規模によっては1人で複数の役割をこなす人もいます。

（ホラーゲームクリエイターになるには）
　高校卒業後、大学や専門学校でゲーム開発やデジタルアート、デザインなどの知識や技術を学び、ゲームソフト制作会社の採用試験を受けて就職する場合が多いです。

特殊メイクアップアーティスト

（こんな人が向いている！）
・絵をかくことや工作することが得意
・ファッションセンスに自信がある
・根気よくものごとに取り組むことができる

（こんな仕事）
　映画や舞台、ドラマなどに出演する俳優に対し、特殊な素材や道具を使って、その役柄に合ったメイクを施す仕事です。映画監督や脚本家から世界観や役柄のイメージを聞き取り、モンスターのおそろしい外見や、加齢やきず・あざの表現などのメイクを手がけます。近年はコスプレで特殊メイクをする人が増えているため、一般の美容室でも特殊メイクのスキルがもとめられることが増えています。

（特殊メイクアップアーティストになるには）
　特殊メイクを学べる課程を設けている専門学校などで特殊メイクの技術を学び、映像制作会社や特殊メイク専門のプロダクションなどに就職します。

事故物件鑑定士

（こんな人が向いている！）
・事件や事故に対する好奇心がある
・いろいろな場所に出かけることが好き
・相手の立場を思いやることができる

（こんな仕事）
　過去の入居者が事件や事故で亡くなったことがある事故物件を鑑定し、物件の所有者から買い取ったり、買いたい人や入居したい人に提供したりします。事故物件にマイナスイメージをもつ人は多いため、お客さまの不安やなやみに誠実にこたえ、双方が納得する形で取り引きを成立させることが重要です。

（事故物件鑑定士になるには）
　大学を卒業後、住宅メーカーや不動産会社、建設会社に就職します。宅地建物取引士の資格の取得が義務づけられている会社も多いです。事故物件を専門に取り扱っている不動産会社への就職をめざすとよいでしょう。

お化け屋敷スタッフ

（こんな人が向いている！）
・テーマパークが好き
・演じることが得意
・その場に応じて臨機応変な対応ができる

（こんな仕事）
　お化け屋敷スタッフは、お化けに扮装してお客さまをおどろかすアクターと、運営スタッフとに分かれます。アクターはお客さまに合わせておどろかす演技をします。また、演技をしながらお客さまが安全に楽しんでもらえるよう注意をはらいます。運営スタッフは入り口でのお客さまへのチケットの受けわたしや、館内アナウンス、清掃などを行います。

（お化け屋敷スタッフになるには）
　レジャー施設の運営会社などの採用試験を受けて合格すると、スタッフとして採用されます。アクターになるためには、基本的な演技の勉強をしておくとよいでしょう。

ホラーグッズショップ店員

（こんな人が向いている！）
・グッズを集めるのが好き
・人と話すのが好き
・世の中の流行が気になる

（こんな仕事）
　接客をはじめ、ホラーグッズの仕入れや在庫の管理、店舗のディスプレイの作成、フェアなどの企画や制作、オンラインショップの運営など、幅広い仕事があります。店舗によっては国内で商品を仕入れるだけでなく、海外から買い付けを行ったり、自社で商品の開発・デザインを手がけたりすることもあります。また、イラストレーターなどと協力して店内でホラーに関する展示を行うこともあります。

（ホラーグッズショップ店員になるには）
　ホラーグッズショップを運営する会社の募集に応募し、採用されてはたらきます。ホラー作品やオカルトの知識があれば、仕事の幅が広がります。

「職場体験完全ガイド」で紹介した仕事

「ホラーが好き！」な人が興味を持ちそうな仕事を PICK UP！

こんな仕事も…

ホラープロデューサー／
霊能師／UFO研究家

関連のある仕事や会社もCHECK！

関連のある仕事

関連のある会社

ホラー小説やゲームが好きな気持ちを活かせるいろいろな職業があるんだね。

仕事の未来地図

ホラーが好き！

未来予想1

新しい技術とホラーを
組み合わせた作品が生まれる

これからの時代には、新しい技術を使ったホラー作品がつくられるようになるでしょう。

今後は、VR（仮想現実）やAR（拡張現実）の技術だけでなく、映像に合わせた感触をリアルに味わえるMR（複合現実）や、触感も体験できるハプティックスーツが、ホラー作品にも活用されるはずです。つまり、視覚や聴覚だけで怖さを伝えるのではなく、触った感じやにおい、体への衝撃などでも怖さを味わえるような作品づくりが必要になるのです。

未来予想2

「怖い」だけで終わらせない！
ホラーマーケティングでPR

これからは、ホラーを宣伝やPRに使う、「ホラーマーケティング」が注目されるようになる

でしょう。ホラー動画を使ったCMはもちろん、建築などの立体物に、CGなどの映像を投影するプロジェクションマッピングで新名所をつくるなど、「まちおこし」としてもホラーが使われることが多くなると予想されます。

ホラーが苦手な人にも受け入れられるように、「怖い」だけで終わらせず、ワクワク感や興味をそそられるものにできるかどうかが、未来のホラーではもとめられるようになるでしょう。

これから注目の職業!!

新しい技術を使ったホラー作品をつくるためには、原作となるホラーのストーリーを考える、ホラー小説家の能力が欠かせません。また、お化け屋敷プロデューサーは、デジタル技術を使ったお化け屋敷をプロデュースするだけでなく、未来のホラー作品の演出家としても力を発揮するでしょう。

未来のために身につけておきたい3つのスキル

1
新しいデジタル技術を
キャッチする能力

これからはホラーに活かせるような新しい技術がたくさん生まれてきます。それを敏感にキャッチできるよう、デジタル技術に興味をもっておくことが大切です。

2
ホラーを活用するための
発想力と行動力

ホラーをさまざまな場面・分野に活用できるように、つねに「ここでホラーを使うにはどうすべきか」と考え、試してみる力がもとめられます。

3
ホラーに活かせる
他ジャンルの作品の知識

ホラーの「怖い」というイメージをくつがえし、子どもやお年寄りでも楽しめる作品をつくるよう、ホラー以外のジャンルの作品にも触れておきましょう。

取材協力	スタッフ	
京都オカルト商会	イラスト	加藤アカツキ
株式会社 SCRAP	ワークシート監修	株式会社 NCSA
株式会社 モダンフリークス		安川直志（キャリアデザインアドバイザー）
株式会社 サイゾー（CYZO Inc.）		安川志津香（キャリアデザインアドバイザー）
京都先端科学大学	編集・執筆	安藤鞠
		嘉村詩穂
		菅原嘉子
		田口純子
		吉田美穂
	校正	菅村薫
	撮影	糸井康友
		佐藤れいこ
		戸嶋日菜乃
	デザイン	パパスファクトリー
	編集・制作	株式会社 桂樹社グループ
		広山大介

ジブン未来図鑑 職場体験完全ガイド+ ⑬ ホラーが好き！

ホラー小説家・歴史学者・オカルト編集者・お化け屋敷プロデューサー

発行　2024年4月　第1刷

発行者　加藤 裕樹
編集　湧川 依央理、柾屋 洋子
発行所　株式会社 ポプラ社
　　　　〒141-8210
　　　　東京都品川区西五反田3-5-8
　　　　JR目黒MARCビル12階
ホームページ　www.poplar.co.jp（ポプラ社）
　　　　　　　kodomottolab.poplar.co.jp（こどもっとラボ）
印刷・製本　図書印刷株式会社

©POPLAR Publishing Co.,Ltd. 2024
ISBN978-4-591-18092-1
N.D.C.366／47P／27cm
Printed in Japan

あそびをもっと、
まなびをもっと。
?!
こどもっとラボ

ポプラ社はチャイルドラインを応援しています

18さいまでの子どもがかけるでんわ
チャイルドライン®
0120-99-7777
毎日午後4時〜午後9時　※12/29〜1/3はお休み　電話代はかかりません 携帯（スマホ）OK

18さいまでの子どもがかける子ども専用電話です。
困っているとき、悩んでいるとき、うれしいとき、
なんとなく誰かと話したいとき、かけてみてください。
お説教はしません。ちょっと言いにくいことでも
名前は言わなくてもいいので、安心して話してください。
あなたの気持ちを大切に、どんなことでもいっしょに考えます。

チャット相談は
こちらから

自分の未来を「好き」から選ぶ、キャリア教育の新定番！

ジブン未来図鑑 職場体験完全ガイド＋ N.D.C.366（キャリア教育） 全15巻

第1期

❶ 食べるのが好き！
パティシエ・シェフ・すし職人・料理研究家

❷ 動物が好き！
獣医・トリマー・動物飼育員・ペットショップスタッフ

❸ おしゃれが好き！
ファッションデザイナー・ヘアメイクアップアーティスト・スタイリスト・ジュエリーデザイナー

❹ 演じるのが好き！
俳優・タレント・アーティスト・ユーチューバー

❺ デジタルが好き！
ゲームクリエイター・プロダクトマネージャー・ロボット開発者・データサイエンティスト

第2期

❻ スポーツが好き！
サッカー選手・野球監督・eスポーツチーム運営・スポーツジャーナリスト

❼ 子どもが好き！
小学校の先生・保育士・ベビーシッター・スクールソーシャルワーカー

❽ 医療が好き！
医師・看護師・薬剤師・診療放射線技師

❾ アニメが好き！
イラストレーター・アニメーター・声優・ボカロP

❿ 宇宙が好き！
宇宙飛行士・星空写真家・宇宙開発起業家・天文台広報

第3期

⓫ 助けるのが好き！
警察官・消防官・臨床心理士・介護福祉士

⓬ 自然が好き！
農家・バイオテクノロジー研究者・林業従事者・建築家

⓭ ホラーが好き！
ホラー小説家・歴史学者・オカルト編集者・お化け屋敷プロデューサー

⓮ アートが好き！
現代美術家・キュレーター・映像作家・美術の先生

⓯ 旅が好き！
登山ガイド・アウトドアブランド経営者・旅行会社スタッフ・写真家

仕事の現場に完全密着！ 取材にもとづいた臨場感と説得力!!

職場体験 完全ガイド N.D.C.366（キャリア教育） 全75巻

第1期

❶ 医師・看護師・救急救命士 ❷ 警察官・消防官・弁護士 ❸ 大学教授・小学校の先生・幼稚園の先生 ❹ 獣医師・動物園の飼育係・花屋さん ❺ パン屋さん・パティシエ・レストランのシェフ ❻ 野球選手・サッカー選手・プロフィギュアスケーター ❼ 電車の運転士・パイロット・宇宙飛行士 ❽ 大工・人形職人・カーデザイナー ❾ 小説家・漫画家・ピアニスト ❿ 美容師・モデル・ファッションデザイナー

第2期

⓫ 国会議員・裁判官・外交官・海上保安官 ⓬ 陶芸家・染めもの職人・切子職人 ⓭ 携帯電話企画者・ゲームクリエイター・ウェブプランナー・システムエンジニア（SE） ⓮ 保育士・介護福祉士・理学療法士・社会福祉士 ⓯ 樹木医・自然保護官・風力発電エンジニア ⓰ 花卉農家・漁師・牧場作業員・八百屋さん ⓱ 新聞記者・テレビディレクター・CMプランナー ⓲ 銀行員・証券会社社員・保険会社社員 ⓳ キャビンアテンダント・ホテルスタッフ・デパート販売員 ⓴ お笑い芸人・俳優・歌手

第3期

㉑ 和紙職人・織物職人・蒔絵職人・宮大工 ㉒ 訪問介護員・言語聴覚士・作業療法士・助産師 ㉓ 和菓子職人・すし職人・豆腐職人・杜氏 ㉔ ゴルファー・バレーボール選手・テニス選手・卓球選手 ㉕ テレビアナウンサー・脚本家・報道カメラマン・雑誌編集者

第4期

㉖ 歯科医師・薬剤師・鍼灸師・臨床検査技師 ㉗ 柔道家・マラソン選手・水泳選手・バスケットボール選手 ㉘ 水族館の飼育員・盲導犬訓練士・トリマー・庭師 ㉙ レーシングドライバー・路線バスの運転士・バスガイド・航海士 ㉚ スタイリスト・ヘアメイクアップアーチスト・ネイリスト・エステティシャン

第5期

㉛ ラーメン屋さん・給食調理員・日本料理人・食品開発者 ㉜ 検察官・レスキュー隊員・水道局職員・警備員 ㉝ 稲作農家・農業技術者・魚屋さん・たまご農家 ㉞ 力士・バドミントン選手・ラグビー選手・プロボクサー ㉟ アニメ監督・アニメーター・美術・声優

第6期

㊱ 花火職人・筆職人・鋳物職人・桐たんす職人 ㊲ 書店員・図書館司書・翻訳家・装丁家 ㊳ ツアーコンダクター・鉄道客室乗務員・グランドスタッフ・外国政府観光局職員 ㊴ バイクレーサー・重機オペレーター・タクシードライバー・航空管制官 ㊵ 画家・映画監督・歌舞伎俳優・バレエダンサー

第7期

㊶ 保健師・歯科衛生士・管理栄養士・医薬品開発者 ㊷ 精神科医・心療内科医・精神保健福祉士・スクールカウンセラー ㊸ 気象予報士・林業作業士・海洋生物学者・エコツアーガイド ㊹ 板金職人・旋盤職人・金型職人・研磨職人 ㊺ 能楽師・落語家・写真家・建築家

第8期

㊻ ケアマネジャー・児童指導員・手話通訳士・義肢装具士 ㊼ 舞台演出家・ラジオパーソナリティ・マジシャン・ダンサー ㊽ 書籍編集者・絵本作家・ライター・イラストレーター ㊾ 自動車開発エンジニア・自動車工場従業員・自動車整備士・自動車販売員 ㊿ 彫刻家・書道家・指揮者・オペラ歌手

第9期

51 児童英語教師・通訳案内士・同時通訳者・映像翻訳家 52 郵便配達員・宅配便ドライバー・トラック運転手・港湾荷役スタッフ 53 スーパーマーケット店員・CDショップ店員・ネットショップ経営者・自転車屋さん 54 将棋棋士・総合格闘技選手・競馬騎手・競輪選手 55 プログラマー・セキュリティエンジニア・アプリ開発者・CGデザイナー

第10期

56 NASA研究者・海外企業日本人スタッフ・日本企業海外スタッフ・日本料理店シェフ 57 中学校の先生・学習塾講師・ピアノの先生・料理教室講師 58 駅員・理容師・クリーニング屋さん・清掃作業スタッフ 59 空手選手・スポーツクライミング選手・プロスケートボーダー・プロサーファー 60 古着屋さん・プロゲーマー・アクセサリー作家・大道芸人

第11期（会社員編）

61 コクヨ・ヤマハ・コロナ・京セラ 62 富士通・NTTデータ・ヤフー・NDソフトウェア 63 タカラトミー・キングレコード・スバリゾートハワイアンズ・ナゴヤドーム 64 セイコーマート・イオン・ジャパネットたかた・アマゾン 65 H.I.S.・JR九州・伊予鉄道・日本出版販売

第12期（会社員編）

66 カルビー・ハウス食品・サントリー・雪印メグミルク 67 ユニクロ・GAP・カシオ・資生堂 68 TOTO・ニトリホールディングス・ノーリツ・ENEOS 69 TBSテレビ・講談社・中日新聞社・エフエム徳島 70 七十七銀行・楽天Edy・日本生命・野村ホールディングス

第13期（会社員編）

71 ユニ・チャーム・オムロン ヘルスケア・花王・ユーグレナ 72 三井不動産・大林組・ダイワハウス・乃村工藝社 73 au・Twitter・MetaMoJi・シャープ 74 ABEMA・東宝・アマナ・ライゾマティクス 75 東京書籍・リクルート・ライフイズテック・スイッチエデュケーション

ワークシート 「自分のキャリアをイメージしてみよう」

STEP1

①

「自分の生まれた年」と「現在の年齢」、「今好きなこと」や「小さいころ好きだったこと」を書いてみましょう。

②

この本で紹介している４人の「今までとこれから」を参考に、「**これから学びたいこと**」「**してみたいこと（アルバイトなど）**」「**どんな仕事につきたいか**」「**どこにだれと住んでいたいか**」を、年齢も入れながら書いてみましょう。

③

60歳の自分が「どんなくらしをしているか」、想像して書いてみましょう。

④

気づいたことを、メモしておきましょう。

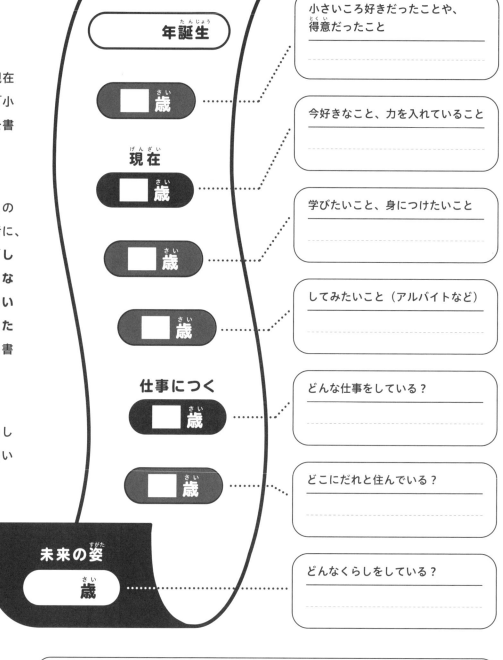

年誕生

□歳

現在

□歳

□歳

□歳

仕事につく

□歳

□歳

未来の姿

□歳

小さいころ好きだったことや、得意だったこと

今好きなこと、力を入れていること

学びたいこと、身につけたいこと

してみたいこと（アルバイトなど）

どんな仕事をしている？

どこにだれと住んでいる？

どんなくらしをしている？

なりたい自分に近づくために必要なこと

気づいたこと

STEP2

なりたい自分に近づくために必要なことは何か、課題は何か、考えてみましょう。